MINI
enciclopedia
E S C O L A R

árbol

ambulancia

serpiente

ballena

águila

abeja

Las **abejas** viven en sociedades llamadas enjambres, la mayor parte de ellas son obreras, otras son machos o zánganos y sólo una es reina. Esta abeja puede llegar a depositar 2 000 huevos por día. En el panal, las abejas construyen celdas de forma hexagonal para depositar la miel que producen.

abrigar

Cuando la temperatura baja mucho es necesario **abrigarse**. Para ello, el hombre ha ideado una serie de prendas de vestir especiales que le permiten conservar el calor de su cuerpo, pues de otra manera se perdería y se pondría en peligro su salud o incluso su vida.

adobe

Los egipcios, los babilonios, los incas y otros pueblos antiguos usaron ladrillos de **adobe** para construir sus casas. Para hacer ladrillos de adobe se prepara una mezcla de barro, agua y paja; después ésta se vacía en moldes rectangulares y se ponen los ladrillos al sol para que se endurezcan.

adverbio

El **adverbio** tiene la función de modificar al verbo. Hay adverbios de varios tipos: *de afirmación*: sí, *ciertamente, también*; de cantidad, que responden a ¿cuánto?: *demasiado, muy, nada, más, poco*; de lugar, que responden a ¿dónde?: *encima, aquí, alrededor, adentro*; de tiempo, que responden a ¿cuándo?: *temprano, tarde, jamás, siempre, después*, etcétera.

agricultura

La **agricultura** con arado y animales que tiran de él se inició en Mesopotamia hace más de 5 000 años. Esta técnica básica duró hasta el siglo XVIII, cuando aparecieron las primeras máquinas como la segadora mecánica. Hoy en día, el riego y el drenaje permiten el mejor aprovechamiento de la tierra.

águila

Las **águilas** son aves carnívoras que cazan durante el día, tienen pico curvo y garras fuertes. En general se alimentan de roedores, pero las de mayor tamaño pueden capturar presas tan grandes como corderos y monos. Construyen sus nidos o aguileras en lo alto de las montañas, donde las hembras cuidan a sus crías.

A α	H η	N ν	T τ
B β, β	Θ θ	Ξ ξ	Υ υ
Γ γ	I ι	O o	Φ φ
Δ δ	K κ	Π π	X χ
E ε	Λ λ	P ρ	Ψ ψ
Z ζ	M μ	Σ σ,ς	Ω ω

alfabeto griego

alfabeto

La palabra **alfabeto** se formó de las dos primeras letras griegas: *alfa* y *beta*. Hacia el siglo IX a. de C., los griegos crearon el primer alfabeto completo, que consistía en unos signos que representaban las consonantes y otros que representaban las vocales.

alfarería

El arte de elaborar vasijas de barro se llama **alfarería** y constituye un oficio muy antiguo. Se inventó hace miles de años, cuando el hombre aún no se establecía en un lugar fijo para vivir. Las primeras piezas de alfarería que se conocen tienen 10 mil años de antigüedad.

alimento

Es necesario comer **alimentos** variados para tener una dieta balanceada. Esta dieta incluye proteínas (contenidas sobre todo en la carne, leche y huevos), carbohidratos (se encuentran en cereales como maíz y trigo) y lípidos (derivados sobre todo de las grasas de origen animal y vegetal); también es indispensable consumir frutas y verduras, pues son la principal fuente de vitaminas y minerales.

ambulancia

La palabra **ambulancia** tiene su origen en la expresión francesa *hôpital ambulant*, que significa "hospital ambulante", derivada a su vez del latín *ambulare*, "caminar, ir de un lado a otro". La ambulancia está equipada con todo lo necesario para atender las emergencias médicas.

americano

En algunos países del mundo, e incluso de América Latina, se les llama americanos a los nacidos en los Estados Unidos de Norteamérica. Esto es verdad, porque ciertamente pertenecen al continente **americano**. Sin embargo, no es exacto decir que ellos son "los americanos", como si fueran los únicos. También quienes nacen en Bolivia, Paraguay, Argentina, Perú, México, Canadá, Panamá, Chile y todos los países de América son "americanos".

ananás o piña

El **ananás** o piña es una planta originaria de América del Sur que da unos frutos grandes de pulpa dulce y jugosa. Cristóbal Colón lo conoció en 1493 en Guadalupe, una isla de las Pequeñas Antillas. Después, los imperios europeos lo sembraron en sus colonias de África y Oceanía. Actualmente, China, Brasil y México son los principales productores de ananás.

salamandra

anfibio

La palabra **anfibio** significa en griego "doble vida" o "vida en dos lugares", ya que los animales anfibios pueden vivir dentro y fuera del agua, como las ranas, sapos y salamandras. Para reproducirse, la hembra deposita sus huevos en agua o en lugares muy húmedos, donde son fecundados por el macho. Cuando las crías nacen se desarrollan en el agua hasta que su cuerpo cambia y pueden salir a la tierra y vivir en ella.

esponja

animal

Todos los **animales**, desde una esponja marina hasta un elefante, somos capaces de percibir lo que sucede a nuestro alrededor, ingerimos alimentos por una boca, tenemos un sistema digestivo, un sistema nervioso, respiramos y nos reproducimos. En la actualidad se conocen alrededor de 1.3 millones de especies animales.

faisán

guepardo

tiburón

ñu

elefante

apócope

La palabra **apócope** viene del griego *apokope,* que significa "amputación, corte". Un apócope es una palabra que perdió sonidos. Por ejemplo: cualquiera, *cualquier*; dondequiera, *doquier*; alguno, *algún*; grande, *gran*; ninguno, *ningún*; santo, *san*; automóvil, *auto*; bicicleta, *bici*; ciento, *cien*.

araña

A pesar de ser pequeñas, frecuentemente las **arañas** causan mucho temor a las personas. Todas las arañas pueden producir seda, aunque no siempre la usan en la fabricación de telarañas. En ocasiones protegen sus huevos con ella o la utilizan para construir otro tipo de trampas para sus enemigos.

árbol

Hay dos clases de **árboles**: los que tienen hojas reciben el nombre de *frondosos* y los que tienen agujas se llaman *coníferas*. Todos son necesarios para la fauna, como los insectos que viven en su corteza, los animales que se alimentan de sus hojas, flores y frutos, y aquéllos que construyen sus guaridas o nidos en sus ramas y tronco.

arqueología

En el siglo XVIII se realizaron las primeras excavaciones arqueológicas en las antiguas ciudades de Troya, Pompeya y Herculano. En el siglo XIX, el francés Jean-Francois Champollion logró descifrar los jeroglíficos egipcios. En esa época también se crearon los primeros museos de **arqueología** y surgió el interés por las civilizaciones precolombinas y por la prehistoria.

astronomía

La **astronomía** es la ciencia más antigua. Los primeros astrónomos dividieron el año en meses, semanas y días basándose en los movimientos del Sol, la Tierra y la Luna. El uso del telescopio revolucionó la astronomía, pues mostró la existencia de estrellas invisibles a simple vista. El telescopio espacial Hubble gira alrededor de la Tierra desde 1990; este aparato ha permitido observar galaxias que no se conocían.

bacteria

Las **bacterias** fueron los primeros organismos vivos que aparecieron sobre la Tierra. Son importantes para el equilibrio del mundo vivo, pues entre otras cosas permiten la digestión y hacen que las plantas y animales muertos se desintegren. Sin embargo, algunas también provocan enfermedades.

ballena

Las **ballenas** son animales mamíferos que, a diferencia de los peces, tienen que salir a la superficie del agua para respirar. Su cola es muy fuerte y la mueven de arriba abajo para impulsarse en el agua. La ballena azul es el animal más grande que existe. A pesar de las leyes que actualmente las protegen, muchas especies de ballenas están en peligro de extinción.

banco

En la Edad Media, algunas personas ricas se dedicaron a guardar y prestar dinero, cobrando un porcentaje por ese servicio. Los bancos como instituciones financieras nacieron alrededor del año 1300 d. de C. Desde su inicio, la mesa de los prestamistas se identificó con el lugar donde se prestaba dinero. Ese es el origen de la palabra **banco**: viene del italiano *banca*, que se refería a la mesa de quien hacía el préstamo.

bañera o tina

En la Edad Media, las **bañeras** sólo se usaban en los baños públicos. Eran recipientes de madera en los que varias personas se lavaban juntas. La forma actual de este mueble tiene su origen en el siglo XVII cuando era un artículo de lujo y a menudo se hacía de mármol. A partir del siglo XIX empezaron a ser comunes las bañeras de metal.

barroco

El **barroco** es un importante estilo del arte europeo que abarcó aproximadamente de los años 1600 hasta 1750. Se desarrolló en países donde la mayor parte de la población era católica, como Italia, España, México y Perú. El barroco se caracteriza por el exceso de adornos y la intensa expresión de las emociones que se manifestaron en la pintura, escultura, arquitectura, música y literatura.

Biblia

La palabra **Biblia** significa en griego "muchos libros". La Biblia hebrea está formada por los 45 libros del Antiguo Testamento y narra la historia del pueblo judío desde la creación del Universo hasta el siglo I. La Biblia cristiana abarca el Antiguo Testamento y también los 27 libros del Nuevo Testamento, éste comienza con el nacimiento de Jesús y termina con el Apocalipsis.

bicicleta

Este vehículo sencillo y económico, la **bicicleta**, representa un importante medio de transporte en muchos lugares. Además, aporta beneficios al cuidado del medio ambiente y a la salud. Existen variantes de la bicicleta común, como el tándemo bicicleta con dos asientos.

boa

Las serpientes en general son animales venenosos, pero hay algunas que en vez de veneno usan otros métodos para matar a sus presas. La **boa** se arroja sobre algún animal, se enrolla alrededor de su cuerpo y lo aprieta hasta que éste deja de respirar. Algunas boas pertenecen al grupo de las serpientes más grandes del mundo, como las boas constrictor, los pitones y las anacondas; que miden más de 10 m de largo.

budismo

El **budismo** surgió de la doctrina de Siddharta Gautama, un hombre sabio que vivió en la India entre 560 y 480 a. de C. Se le llamó Buda que significa "el iluminado", es decir, quien recibe una inspiración espiritual. Según el budismo, el ser humano pasa por reencarnaciones y transformaciones que terminan cuando la persona se llena de amor y las cosas dejan de parecerle importantes.

búho

El **búho** es un ave carnívora nocturna que tiene garras fuertes. Sus grandes ojos, colocados al frente de la cabeza, tienen una enorme capacidad de captación de la luz y por eso los búhos cazan de noche. El vuelo del búho es silencioso, pues en el borde de sus alas tiene un "fleco" que disminuye el ruido del aleteo.

buitre

Casi todos los animales carnívoros se alimentan de otros seres vivos, pero el **buitre** come cuerpos muertos e incluso descompuestos. Su pico curvo le sirve para desgarrar la carne de sus presas. Además, tiene la cabeza calva para que las bacterias que se le peguen de los animales podridos mueran a causa de la luz del sol.

C caballero

En la Edad Media, un joven noble podía convertirse en **caballero** mediante una ceremonia. El muchacho oraba toda la noche y ponía su espada sobre el altar para santificarla. Al día siguiente un caballero elegido para ser su padrino le daba un golpecito con la espada en el hombro y se la entregaba, además de un escudo y una armadura. Finalmente, el muchacho juraba sobre la Biblia defender a los débiles, amparar a las mujeres y servir a Dios.

camaleón

La palabra **camaleón** viene del griego *khamailéon*, que significa "león que se arrastra por el suelo". Este reptil mide de 4 a 60 cm de largo y usa su lengua, tan larga como su cuerpo (o incluso más), para atrapar insectos. La piel del camaleón cambia de color, entre otras cosas, según su estado: es verde cuando está tranquilo, negra cuando tiene miedo y gris cuando está dormido, enfermo o muerto.

canguro

Los **canguros** son mamíferos que transportan a sus crías en una bolsa por fuera del vientre. Viven exclusivamente en Australia y otras islas cercanas. Se conocen cerca de 50 especies incluyendo al canguro rojo, al gris y al ualabí. Los más grandes pueden medir hasta 3 metros de la cabeza a la cola; los más pequeños son del tamaño de un gato doméstico.

caña de azúcar

Se cree que la **caña de azúcar** se originó en Asia; después los árabes la introdujeron en Europa a través de España y en el año 1483 Cristóbal Colón la trajo a América. Esta planta es muy útil para el hombre pues no sólo de su pulpa se extraen tres cuartas partes de la producción mundial de azúcar, sino que también su bagazo es utilizado como alimento para el ganado, como abono y como materia prima para fabricar cartón y papel.

carabela

Desde el siglo XIV d. de C. se usaron **carabelas** para comerciar alrededor del Mediterráneo. En los siglos XV y XVI, estas embarcaciones fueron muy usadas por los marinos portugueses y españoles para el comercio y en los largos viajes de exploración. Eran barcos de vela rápidos y ligeros, con tres palos o mástiles.

cartel

En la antigüedad, los anuncios se escribían sobre muros cubiertos con yeso. Durante la Edad Media aparecieron los primeros **carteles** escritos a mano, pero estaban reservados sólo para el rey y la Iglesia. El cartel tal como hoy lo conocemos nació en el siglo XIX con la litografía, es decir, el arte de reproducir dibujos o textos por impresión.

Circo

HOY

LOS VALIENTES VOLADORES

ASES DEL TRAPECIO

FUNCIONES:
5:00, 8:00 Y 10:00 PM

cartografía

Los primeros mapas del mundo se hicieron en la antigüedad griega (siglo III a. de C.). La **cartografía** tuvo un enorme progreso a partir de los viajes de los navegantes genoveses y venecianos en los siglos XIV y XV. En la actualidad, la fotografía aérea y de satélite, así como el uso de computadoras para dibujar mapas, han revolucionado la técnica de la cartografía.

casa

En la prehistoria el hombre vivía en cavernas; después construyó sus primeras **casas** con barro y ramas. Más adelante aprendió a elaborar ladrillos de barro y a utilizar piedras y madera para hacer construcciones. Antes como ahora, el estilo de las casas estaba determinado por los materiales disponibles en cada lugar, como paja, bejucos, piedras o barro.

chocolate

El **chocolate** es originario de Mesoamérica, donde los indígenas preparaban una bebida fría y espumosa con las semillas del cacao. En el siglo XVI los conquistadores españoles lo llevaron a Europa, donde se mezclaba con azúcar y vainilla, y se bebía caliente. La palabra chocolate tal vez provenga del náhuatl *xocoatl*, que significa "bebida amarga".

cine

En 1895 los hermanos Lumière construyeron el primer aparato de filmación y proyección. Así comenzó la época del **cine** mudo. Después George Meliès, mago e ilusionista, hizo los primeros filmes en estudio e inventó los trucos cinematográficos. Las primeras películas del cine hablado, o cine sonoro, aparecieron en 1927 y los primeros largometrajes en color en 1935.

circo

El espectáculo del **circo** existe desde hace miles de años. En la actualidad suele incluir actos con malabaristas, acróbatas, trapecistas, diversos animales amaestrados, payasos y músicos. Se presenta en la tradicional carpa o en instalaciones fijas. El circo moderno se inició en Inglaterra en el siglo XVIII.

coala o koala

Se cree que el nombre del **coala** significaba en la lengua de los aborígenes australianos "animal que no bebe". Ahora se sabe que los coalas sí beben, pero muy poca agua. Aunque se parezcan a los osos, en realidad no son un tipo de oso; los coalas pertenecen al grupo de los marsupiales que albergan a sus crías recién nacidas dentro de una bolsa o marsupio.

cocodrilo

La palabra **cocodrilo** deriva del latín *crocodrilus*, y ésta a su vez del griego *kroke*: guijarro, y *drilos*: gusano, por el parecido que tiene su piel a las piedras y en especial el dorso. Los antiguos egipcios temían a este voraz reptil del Nilo que llegaba a devorar hombres, y lo convirtieron en símbolo de uno de sus dioses.

colgar

El verbo **colgar** viene de una antigua palabra latina, *collocare*, que significaba "poner juntos". De esa palabra original se derivaron dos verbos, colocar y colgar que, aunque parecidos, expresan ideas diferentes. *Colocar* tiene un sentido más general: "Poner a una persona o cosa en su debido lugar", mientras que el significado de *colgar* es más limitado, pues se refiere a una manera particular de situar algo: "Poner una cosa suspendida de otra sin que llegue al suelo."

colores

Aunque la luz del sol parece no tener color, en realidad es una mezcla de **colores**. Esto se puede ver cuando un rayo solar atraviesa un prisma, es decir, una figura de cristal que sirve para descomponer la luz. El arco iris que sale del prisma está compuesto de rojo, anaranjado, amarillo, verde, azul, índigo y violeta. Estos colores al combinarse hacen que la luz del sol se vea blanca.

columna vertebral

La **columna vertebral** da sostén al cuerpo y protege a la delicada médula espinal, que es como un cable eléctrico que transmite las órdenes del cerebro al cuerpo. Es flexible en todas direcciones, lo que da movilidad al tronco. En el hombre está formada por 34 vértebras, aunque cinco se fusionan durante el crecimiento para formar el hueso sacro y cuatro se unen en el cóccix.

computadora

Actualmente las **computadoras** se encuentran por todos lados, por ejemplo, en el supermercado, en la casa, en el banco o cuando hacemos una reserva de hotel.

Permiten hacer de manera rápida y segura un gran número de operaciones. La revolución de las computadoras se inició en la década de 1940, con máquinas que eran tan grandes como una habitación.

conjunciones

Algunas **conjunciones** tienen la misma función que otras, pero no todas se usan igual. Por ejemplo "y", "e", sirven para unir palabras y oraciones. El uso de "e" depende de su sonido: se emplea para evitar la repetición de sonidos iguales. Por ejemplo, si se tiene la palabra *casas* junto a la palabra *iglesias*, al unirlas se usa la "e" en vez de "y": *casas e iglesias*.

constitución

La **constitución** establece la forma de gobierno de un país y los derechos y obligaciones de los ciudadanos y del Estado. Asimismo, puede fijar los poderes del rey o del presidente de la República; también establece los derechos que tienen los ciudadanos, así como los derechos de los extranjeros, entre otras leyes.

continente

Tradicionalmente se distinguen cinco **continentes**: África, América, Asia, Europa y Oceanía. La Antártida o Antártica, en ocasiones se considera un continente. A Europa, África y Asia también se les conoce como el Viejo Continente o Viejo Mundo, por oposición a América, llamada el Nuevo Continente o Nuevo Mundo.

*Continente
Africano*

corazón

El **corazón** impulsa la sangre por el sistema circulatorio; recibe la sangre de las venas cargada de dióxido de carbono y la bombea a los pulmones, donde se llena otra vez de oxígeno. De allí, la sangre oxigenada vuelve al corazón y éste la envía a llevar oxígeno y nutrición a todo el cuerpo.

coser

¿Qué diferencia hay entre el verbo **coser** y el verbo cocer? *Coser* significa unir con hilo diferentes materiales. En cambio, *cocer* se refiere a preparar alimentos poniéndolos al fuego. Estas palabras que suenan igual pero se escriben diferente y tienen distintos significados se llaman *homófonas*.

cruzada

Palestina, la Tierra Santa de la Biblia, fue invadida por los musulmanes en el año 638 d. de C. En 1095 el Papa Urbano II convocó a los soldados cristianos para ir a recuperar los lugares santos de manos de los infieles, o sea, los no cristianos. Estas ocho expediciones duraron tres siglos y fueron conocidas como **cruzadas**, palabra que significa "marcado con la cruz del cristianismo". Aquí puedes ver un tipo de escudo con una cruz en el centro.

D

delfín

Los **delfines** se comunican entre sí mediante sonidos cortos. Con estos sonidos son capaces de intercambiar mensajes complejos, como advertir a otros de un peligro. Los científicos estudian el lenguaje de los delfines, y algunos expertos piensan que estos animales son capaces de aprender el lenguaje humano.

democracia

Esta palabra se forma a partir de dos raíces griegas: *demos*, que significa "pueblo" y *kratia*, "autoridad". Por eso, **democracia** significa "el gobierno del pueblo". La democracia nació hace miles de años en Grecia, donde los ciudadanos podían opinar libremente sobre los asuntos nacionales.

derecho

Existe una ciencia que se ocupa de las normas establecidas por un país para regular las relaciones humanas y mantener la justicia y la paz: se llama **derecho**. Tiene varias áreas, por ejemplo, el derecho penal se ocupa de los delitos, y el derecho mercantil atiende los asuntos relacionados con el comercio.

desastre

desastre petrolero

Algunos **desastres** mundiales recientes incluyen accidentes en plantas nucleares como la de Chernobyl en Ucrania, en abril de 1986. Los derrames de petróleo también han dañado mucho la naturaleza y afectado a las personas, como la terrible contaminación producida por la quema de 600 pozos de petróleo en Irak en 1991, durante la Guerra del Golfo Pérsico.

desierto

Los **desiertos** ocupan aproximadamente una tercera parte de la superficie de la Tierra. Las condiciones de vida en el desierto son muy difíciles a causa del clima: llueve poco y durante el día hace mucho calor, mientras que por la noche el frío es intenso.

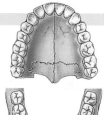
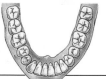

día

noche

día y noche

La Tierra tarda 24 horas en dar una vuelta sobre sí misma. Por ello, durante 12 horas la mitad de nuestro planeta está iluminada (**día**), y la otra mitad está obscura (**noche**). Como el eje de la Tierra está inclinado, la superficie terrestre no recibe la misma cantidad de rayos solares conforme nuestro planeta gira alrededor del Sol.

dientes

En el ser humano, la primera serie de **dientes** empieza a brotar alrededor de los seis meses de edad. Son 20 en total y se les llama "dientes de leche" o deciduos, porque pierden la raíz y se caen durante la infancia. La segunda serie, o dientes permanentes, brota entre los seis y los 18 años y dura toda la vida, son 32.

Triceratops

Stegosaurus

dinosaurio

La palabra **dinosaurio** significa "lagarto terrible". Aparecieron hace 225 millones de años y repentinamente se extinguieron de manera misteriosa hace 65 millones de años. En 1825 Mary Ann Mantell, esposa de un médico, encontró un diente fósil en un montón de cascajo. Pertenecía a un dinosaurio que después fue llamado *Iguanodon*.

disco compacto

Los **discos compactos** sirven para grabar en ellos sonidos mediante una técnica llamada digital; también hay discos que guardan datos o imágenes. La información contenida se lee por medio de un haz de rayo láser. En 1979 la compañía *Phillips* presentó el primer disco compacto, pero éstos empezaron a venderse en grandes cantidades a partir de 1982.

drakar

Los vikingos fueron guerreros, comerciantes y navegantes que vivieron hace unos 1 200 años al norte de Europa. Se transportaban en barcos de guerra llamados **drakares**, estas naves eran largas y angostas, y se impulsaban por remos o velas. En el año 1000 d. de C., el Continente Americano fue visitado por primera vez por el vikingo Leif Ericson.

E

elefante

El **elefante** es el animal terrestre más grande. Existen dos especies, el elefante africano y el asiático. Una de sus diferencias principales es el tamaño: el africano es mayor, ya que puede llegar a los 4 m de altura, pesar 7 toneladas y vivir 120 años. En cambio, el asiático alcanza los 3 m y puede pesar 5 toneladas.

elefante africano

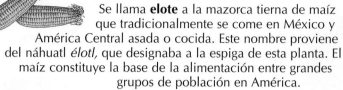

elote

Se llama **elote** a la mazorca tierna de maíz que tradicionalmente se come en México y América Central asada o cocida. Este nombre proviene del náhuatl *élotl,* que designaba a la espiga de esta planta. El maíz constituye la base de la alimentación entre grandes grupos de población en América.

emperador

El imperio incaico fue uno de los más importantes de América. El poder radicaba de manera absoluta en el Inca o **emperador**, quien se proclamaba hijo del dios sol. Esto le daba un carácter divino. El soberano gobernaba sobre muchos pueblos sometidos y tenía la libertad de escoger a cualquiera de sus hijos para heredarle el trono.

enciclopedia

La palabra **enciclopedia** viene del griego y significa "instrucción cíclica o educación general". Una enciclopedia no es lo mismo que un diccionario. Éste informa sobre la ortografía, origen y significados de las palabras, mientras que una enciclopedia trata sobre los conceptos que estas palabras designan y profundiza en cada tema. En el siglo XIX, Pierre Larousse inventó el diccionario enciclopédico, que combina ambos tipos de información.

energía

Desde el siglo XIX se sabe que la **energía** no se puede crear ni destruir, sólo se transforma en otro tipo de energía. Ésta se puede manifestar en forma de calor, de luz o de trabajo, es decir, de movimiento. De manera similar, los alimentos que consumimos se transforman en la energía que nos permite pensar, hablar, caminar y correr.

esclavitud

En la antigüedad se practicó la **esclavitud** entre los egipcios, chinos, mexicas, griegos y otros pueblos. Después de la conquista en América, entre uno y tres millones de esclavos fueron traídos al Nuevo Mundo desde África. En América Latina la esclavitud desapareció en el siglo XIX con la independencia de las naciones. En los Estados Unidos de Norteamérica fue abolida hasta después de la Guerra Civil, en 1865.

escorpión

El **escorpión** es un animal invertebrado de la familia de las arañas, que vive en climas calientes y caza durante la noche. Su tamaño varía entre 3 y 20 cm. Entre sus principales características están el tener dos pinzas con las que sujeta a sus presas y un aguijón con el que les inyecta veneno para matarlas. Su picadura puede ser mortal para el ser humano.

espada

El mango de una **espada** se llama empuñadura y puede estar decorado con oro y joyas. La hoja de estas armas puede tener uno o dos filos, y algunas son curvas. Antiguamente las espadas se hacían de piedra, hueso o bronce; se usaban en las guerras o en duelos entre caballeros.

estalactitas

estalactita

En una caverna, las gotas de agua que escurren contienen una sal llamada carbonato de calcio. Cuando el agua se evapora, el carbonato se deposita hasta formar carámbanos o columnas más o menos delgadas y puntiagudas. Estos carámbanos se llaman **estalactitas** si crecen en el techo y estalagmitas si crecen en el suelo.

estalagmitas

estatua

Los antiguos griegos consideraban al cuerpo humano un modelo de belleza y lo representaron en numerosas **estatuas**. Una famosa estatua moderna es *La Libertad Iluminando al Mundo*, obsequiada por Francia a los Estados Unidos de Norteamérica en 1886. Se encuentra en la Bahía de Nueva York. Representa a una mujer que pisa cadenas rotas y en la mano lleva una antorcha.

estetoscopio

El francés Laennec inventó el **estetoscopio** a principios del siglo XIX. Esta palabra viene de las raíces griegas *stethos*: pecho, y *skopeo*: ver, examinar. Era un tubo rígido similar a un embudo en un extremo y con una placa en el otro, que se usaba para escuchar los ruidos respiratorios y cardiacos.

estómago

En el **estómago** los jugos gástricos comienzan la digestión de los alimentos. Los músculos de su pared revuelven la mezcla y la impulsan al intestino delgado, donde se absorben los nutrientes y los desechos siguen su camino hasta ser expulsados como excremento. El ser humano y la mayor parte de los animales tienen un solo estómago, pero los rumiantes, como las vacas y los camellos, tienen cuatro.

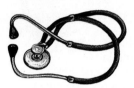

F

faisán

Se trata de un ave de la familia de las gallinaceas, originaria de Asia. El **faisán** macho llega a medir hasta 90 cm de alto y su plumaje es de vivos colores; algunas razas lucen una especie de collar de plumas blancas. El faisán vive principalmente en los bosques de Europa y el norte de América.

ferrocarril

Los **ferrocarriles** se desarrollaron entre 1825 y 1830 en países industrializados como Inglaterra, Francia y los Estados
Unidos de Norteamérica. Durante la segunda mitad del siglo XIX y la primera mitad del XX, fueron el principal medio de transporte de carga y de pasajeros en Europa y algunos países americanos. En Cuba funcionó una línea entre La Habana y Bejucal desde 1837.

flor

pistilo

estambre

pétalo

Dentro de las **flores** se encuentran los órganos masculinos o estambres y el órgano femenino llamado pistilo. Los estambres contienen granos de polen que fertilizan al pistilo y éste se transforma en frutos. El característico perfume de flores como rosas y jazmines es producido por aceites especiales de los pétalos para atraer a los insectos.

fuego

El **fuego** quizá haya sido uno de los primeros descubrimientos hechos por los seres humanos, y tal vez fue accidental. Sirvió para que los hombres se calentaran; también para que cocinaran la carne y las plantas, pues cocidas al fuego quedaban más sabrosas y suaves. Una fogata también podía ahuyentar a los animales salvajes por la noche.

fuego

G galicismo

Los **galicismos** son palabras de origen francés adoptadas por nuestro idioma y que se usan en el lenguaje común. Por ejemplo, *buró* significa escritorio o mesa para escribir; *afiche*, cartel; *ballet*, baile que se representa en un teatro acompañado de música de orquesta. Esta bailarina de ballet viste la pollera o falda tradicional llamada *tutú*.

prisma

cubo

geometría

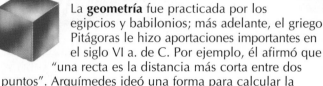

La **geometría** fue practicada por los
egipcios y babilonios; más adelante, el griego
Pitágoras le hizo aportaciones importantes en
el siglo VI a. de C. Por ejemplo, él afirmó que
"una recta es la distancia más corta entre dos
puntos". Arquímedes ideó una forma para calcular la
superficie de objetos curvos.

paralelepípedo

girasol

La flor de esta planta es muy especial, pues gira siguiendo
el movimiento del Sol. Por eso su nombre se formó
juntando las palabras "girar" y "sol". Una historia de la
mitología griega explica así el origen de esta flor: una
joven fue amada y luego abandonada por el dios sol.
Terminó su vida encerrada en un foso
obscuro donde no podía ver la
luz. Al morir se convirtió en el **girasol**, siempre
buscando a su antiguo amor, el Sol.

gorila

Los **gorilas** son los primates más grandes y fuertes:
miden hasta 2 m, pueden pesar 200 kg y llegar hasta
los 40 años de edad. Viven en África, en grupos
formados por un macho, algunas hembras y sus crías.
Generalmente se alimentan de frutas
y de hojas.

gramática

Los estudios gramaticales se iniciaron en Grecia en el
siglo V a. de C. La **gramática** es la ciencia que estudia
la estructura y el funcionamiento de cada lengua
y las normas para el empleo y combinación de sus
elementos. Estas normas en muchos casos están dadas
por el uso.

guerra

Durante la Segunda **Guerra** Mundial (1939-1945) murieron millones de personas, entre ellos 20 millones de rusos y 6 millones de judíos a manos de los nazis. Estas personas fueron perseguidas y llevadas a campos de concentración donde realizaban trabajos forzados. Muchos murieron por esto, otros por hambre y enfermedades, pero la mayoría murieron en las cámaras de gas.

guitarra

Existen cuatro clases de instrumentos musicales: maderas, metales, cuerdas y percusiones. Entre las maderas se encuentran por ejemplo, el oboe; entre los metales, los trombones y las trompetas; entre las cuerdas, los violines y **guitarras**, y entre las percusiones, los tambores.

hábitat

H

Se llama **hábitat** al territorio donde un ser vivo o un conjunto de ellos tienen todo lo necesario para vivir y desarrollarse de manera equilibrada. La Tierra es el gran hábitat de los animales, plantas, peces, insectos, etc., que en ella viven, y también del ser humano. Sin embargo, el hombre ha ido destruyendo algunos hábitats y esto ha acelerado la extinción de muchas especies.

hiena

Las **hienas** son mamíferos carnívoros que se alimentan principalmente de carroña, es decir, de animales muertos. A veces también cazan; cuando lo hacen, atacan de noche y en grupo, pues esto les permite matar animales más grandes que ellas. En algunas ocasiones fingen estar muertas para escapar de sus enemigos.

hígado

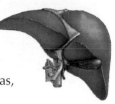

El **hígado** es un órgano vital, el de mayor tamaño del cuerpo. Es como una fábrica que produce bilis para la digestión de las grasas, elabora proteínas, almacena energía de los carbohidratos, neutraliza venenos y toxinas, y desintegra algunos desechos de la sangre.

envainada

laciniada

hoja

dentada

peltada

Las **hojas** son la fábrica de alimento de las plantas verdes. Contienen una substancia llamada clorofila que, junto con el agua, la luz y el dióxido de carbono, produce azúcar para alimentar a la planta. Este fenómeno se conoce como fotosíntesis. Sin las hojas, hombres y animales no tendrían qué comer. Las hojas también son importantes porque elaboran el oxígeno del aire que respiramos.

entera

lobada

iglesia

I

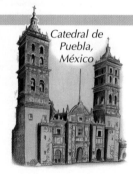

Catedral de Puebla, México

A través de los siglos, las **iglesias** se han construido con diferentes estilos. La Basílica de San Pedro, en la Ciudad del Vaticano, es la iglesia cristiana más grande del mundo y el centro de la religión católica romana. Fue construida en los siglos XV a XVII; frente a ella está la enorme plaza de San Pedro.

imprenta

El primer texto impreso lo realizaron los chinos en el siglo IX d. de C. Lograron esta impresión con la ayuda de planchas de madera grabadas o esculpidas. Alrededor del año 1450, el alemán Johannes Gutenberg usó por primera vez caracteres móviles de bronce en la **imprenta**. Este procedimiento de composición, llamado tipografía, aún existe en la actualidad.

independencia

Muchas colonias de América Latina que estaban bajo el dominio español obtuvieron su **independencia** entre 1810 y 1830. La lucha se realizó en tres puntos principales: México, La Plata (hoy Argentina, Paraguay y Uruguay) y Nueva Granada (hoy Ecuador, Colombia, Venezuela, Panamá y parte de Brasil y Perú). Simón Bolívar fue uno de los personajes principales en la independencia de Bolivia, Colombia, Perú y Venezuela.

informática

La **informática** es la ciencia que hace posible el tratamiento automático de la información. Esto se lleva a cabo mediante computadoras, es decir, máquinas electrónicas que tienen la capacidad de almacenar información y manejarla con gran precisión y rapidez.

insecto

Los **insectos** representan el 80% del conjunto de los animales que hay sobre la Tierra; se conocen más de 800 mil especies. Los insectos ponen huevos. En algunas especies, las larvas que salen de los huevos tienen que pasar por varias etapas antes de convertirse en adultas, como es el caso de la mariposa.

intérprete

Un **intérprete** ayuda a comunicarse entre sí a personas que hablan diferentes idiomas. Durante la conquista de México, los principales intérpretes entre Hernán Cortés y los mexicas fueron la Malinche, indígena náhuatl, y Jerónimo de Aguilar, soldado español.

J jabalina

Los antiguos griegos ya practicaban el lanzamiento de **jabalina**, que debían clavar en un blanco. Hoy en día, la que usan los atletas varones mide 2.60 m y pesa 800 gramos; para mujeres mide 2.20 m y pesa 600 g. Su nombre deriva del francés *javelot*, una especie de lanza empleada en la guerra, y éste a su vez del *céltico gabalos*, nombre de un arpón de tres dientes.

jeroglífico

Los **jeroglíficos** son una forma de escritura en la que se empleaban dibujos de objetos para representar ideas y sonidos. Los más conocidos son los que usaron los antiguos egipcios durante más de 3 000 años. Otros pueblos antiguos que usaron jeroglíficos fueron los mexicas y los mayas de Mesoamérica.

jirafa

La **jirafa** vive en regiones generalmente secas de África. Es el animal más alto que hay. Gracias a su largo cuello puede alcanzar las hojas de árboles de hasta 6 m de altura. Sin embargo, para comer hierba del suelo o beber agua debe abrir las patas delanteras. Como acostarse le resulta muy incómodo, por lo general la jirafa duerme de pie.

joya

Las **joyas** se han elaborado desde tiempos prehistóricos. En esa época se hacían sobre todo de huesos, plumas y dientes de animales. En otros tiempos podían servir como adorno, para simbolizar una creencia religiosa o como señales de riqueza o clase social. Hoy en día, las joyas se hacen principalmente de piedras y metales preciosos.

lagartija

La **lagartija** es un reptil de lengua bífida, es decir, hendida en dos partes. Esta lengua es extremadamente móvil y le sirve para atrapar insectos. En las noches, la lagartija se refugia en madrigueras para ocultarse de sus enemigos. Este reptil se encuentra sobre todo en regiones tropicales, cerca de los muros, en los árboles y en los prados.

león

El **león** es, después del tigre, el felino más grande, su cuerpo mide unos 2 m de largo y llega a pesar 200 kg. En algunos casos puede vivir más de 30 años. El león vive en manadas de 10 a 30 animales, los machos garantizan la protección del grupo y las hembras cazan y crían a los cachorros. Sus principales presas son gacelas, cebras, búfalos y monos. El rugido de un león puede oírse a varios kilómetros de distancia.

leyenda

Una **leyenda** es una narración fabulosa tradicional, y aunque en ocasiones incluye hechos históricos, en realidad es una mezcla de verdad y ficción. Desde la antigüedad, los padres han contado leyendas a sus hijos y éstos a los suyos; así se han conservado muchas de ellas. Otras se escribieron, como la del rey Arturo, de quien se dice sacó una espada clavada en una piedra.

lluvia

Cuando **llueve** las nubes devuelven al suelo el agua que se evaporó de la tierra y el mar por el calor del sol. Esto se conoce como "el ciclo del agua". El agua que cae de las nubes se llama "precipitación" y puede caer en forma de lluvia, granizo o nieve. La lluvia está formada principalmente de copos de nieve que se derriten al caer. Se forma un arco iris cuando la luz solar atraviesa las gotas, éstas actúan como un prisma y dividen la luz en varios colores.

lobo

El **lobo** vive en manadas que se desplazan sobre un territorio de caza establecido. Este animal ha desaparecido en muchos países, pues se le ha cazado de manera excesiva por los daños que causa a los rebaños y por las equivocadas creencias populares que lo pintan como un "asesino de hombres". En Canadá, sin embargo, se le protege, ya que evita la multiplicación de los renos y caribúes que destruyen la vegetación.

Fases de la luna

luna

La **Luna** es el único satélite natural de la Tierra; no tiene agua y su gravedad es menor que la de nuestro planeta, por lo que una persona pesa menos allá que aquí. La Luna gira alrededor de la Tierra en aproximadamente 27 días y 7 horas. Como no tiene luz propia, sólo refleja la luz solar. El 21 de julio de 1969, el astronauta estadounidense Neil Armstrong fue el primer hombre que pisó la Luna.

mano

M

Las partes del cuerpo, en especial la **mano**, se usaron alguna vez como unidades de medida. Dos dedos eran una pulgada y una mano extendida, del dedo pulgar al meñique, medía un palmo. Una yarda era la distancia desde la nariz hasta la punta de los dedos de un brazo extendido. Nuestra mano tiene más de 25 huesos; sus múltiples habilidades distinguen al ser humano de otros animales.

maravilla

La gran pirámide de Keops en Giza, Egipto, es una de las siete **maravillas** del mundo antiguo y la única que aún existe. Las otras seis maravillas fueron los jardines colgantes de Babilonia (hoy Irak), el faro de Alejandría (Egipto), el coloso de Rodas (Grecia), el mausoleo de Halicarnaso (Turquía), el templo de Artemisa en Éfeso (Turquía) y la estatua de Zeus en Olimpia (Grecia).

Pirámide de Keops

marimba

El nombre de este instrumento parece ser de origen africano. La **marimba** se hace con tablillas de madera dura de diferentes longitudes fijas una al lado de otra. Bajo cada una cuelga un tubo de bambú que le da resonancia. Se toca con palillos largos que tienen una bola de caucho o hule en la punta.

medicina

En la antigüedad se creía que fuerzas mágicas o religiosas causaban las enfermedades. En el siglo V a. de C., el médico griego Hipócrates afirmó que las enfermedades eran algo natural y podían ser explicadas físicamente. Desde fines del siglo XIX la **medicina** ha evolucionado rápidamente gracias a los avances científicos como la cirugía, los antibióticos y nuevos métodos de diagnóstico.

mezquita

La **mezquita** es el principal lugar de oración para los musulmanes. En la pared del fondo de la sala de oración hay un nicho vacío, llamado el *mihrab*, que indica la dirección de La Meca, ciudad sagrada hacia la que los musulmanes se dirigen al orar. Desde la torre o alminar de la mezquita, un hombre conocido como almuecín llama a los fieles a orar.

Mezquita de Kairván (Túnez)

microscopio

El **microscopio** óptico se inventó en los Países Bajos a principios del siglo XVII; un microscopio moderno de este tipo aumenta hasta 3 000 veces el tamaño de los objetos observados. El microscopio electrónico apareció en 1939. Este aparato es tan potente que permite ampliar los objetos hasta 100 mil veces.

arcilla

mineralogía

gres

Los **minerales** son las substancias naturales sólidas y no vivas que forman la corteza terrestre. Todas las rocas de la tierra contienen minerales. También hay minerales en la Luna y en Mercurio, Venus y Marte. Hay minerales tan comunes como la sal hasta otros tan raros como el oro, la plata y las piedras preciosas. El ser humano emplea minerales en la fabricación de innumerables productos y en procesos químicos e industriales.

caliza

hulla

moneda

En la antigüedad, el comercio se realizaba por medio del trueque, es decir, el intercambio de unas mercancías por otras. El dinero en forma de **monedas** apareció en Asia en el siglo VII a. de C. y en occidente, el papel moneda o billete nació en Inglaterra a fines del siglo XVII.

mono

A diferencia de las especies de África y Asia, sólo los **monos** americanos usan la cola como una mano adicional para sujetarse de las ramas de los árboles. Hay cinco clases de monos parecidos al hombre: el gorila, el chimpancé, el bonobo, el orangután y el gibón. Los tres primeros son africanos, el orangután vive en Borneo y Sumatra, y el gibón habita en el sureste asiático.

monstruo

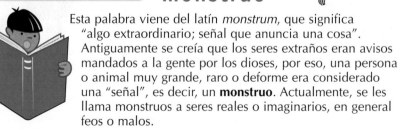

Esta palabra viene del latín *monstrum*, que significa "algo extraordinario; señal que anuncia una cosa". Antiguamente se creía que los seres extraños eran avisos mandados a la gente por los dioses, por eso, una persona o animal muy grande, raro o deforme era considerado una "señal", es decir, un **monstruo**. Actualmente, se les llama monstruos a seres reales o imaginarios, en general feos o malos.

mosquito

La hembra del **mosquito** pica la piel de los animales para extraer la sangre, que es su alimento; en cambio, el macho se alimenta de la savia de las plantas. Las larvas del mosquito viven en aguas estancadas. Estos animales propagan diversas enfermedades contagiosas como el paludismo y la fiebre amarilla.

músculo

Los **músculos** están unidos a los huesos por medio de tendones. Los músculos llamados estriados (o esqueléticos) se contraen voluntariamente para sostener o mover las distintas partes del cuerpo. Los músculos lisos se encargan de la circulación de la sangre, la digestión y otras funciones del cuerpo; su movimiento es involuntario. El músculo cardiaco es un músculo estriado pero su contracción es involuntaria y no se interrumpe.

N

naufragio

El hundimiento del Titanic quizá sea el **naufragio** más dramático del siglo XX. Era un barco británico de pasajeros, el más grande y moderno de su época; sus constructores aseguraban que no se podía hundir. El 14 de abril de 1912, durante su primer viaje, chocó contra un *iceberg* en el Océano Atlántico. El Titanic naufragó y murieron unas 1 500 personas. En 1985, los restos del barco fueron encontrados a cerca de 4 000 m de profundidad.

nave

El transbordador espacial es una **nave** que sirve para poner en órbita los satélites lanzados al espacio. Gracias a su diseño, el transbordador despega como un cohete, es decir, verticalmente. Sin embargo, en la órbita terrestre se desplaza de manera horizontal. Cuando regresa a la Tierra entra en la atmósfera como un planeador y aterriza sobre una pista a la manera de un avión.

nostalgia

La palabra **nostalgia**, de creación reciente, viene de las palabras griegas *nóstos*, que significa "regreso" y *algos*, que significa "dolor". Juntas tienen el significado de "aflicción por estar lejos del hogar o de los seres queridos".

ojalá

España fue habitada por árabes durante ocho siglos en la Edad Media. En esos largos años, muchos cientos de palabras árabes fueron adoptadas por el español y se incorporaron al vocabulario de nuestra lengua. Como los árabes eran excelentes matemáticos, crearon conceptos como *cero*, *álgebra* y *cifra*. Asimismo destacaron como arquitectos y por eso *albañil*, *adobe*, *azotea* y *zaguán* son de ese origen. La palabra **ojalá** viene de una expresión árabe que significa "quiera Dios" o "que Dios quiera", pues los árabes llaman "Alá" a Dios.

ojo

El **ojo** es un órgano esférico que realiza funciones complejas. En el frente tiene una cubierta transparente llamada córnea. Ésta enfoca las imágenes de manera invertida en la retina; de ahí son llevadas al cerebro, que vuelve a ponerlas al derecho. La pupila se abre o se cierra para regular la cantidad de luz que entra en el ojo. Cuando hay poca luz la pupila se dilata para captarla lo mejor posible; cuando la luz es intensa la pupila se contrae.

olimpiada

Las antiguas **olimpiadas** se celebraban en la ciudad de Olimpia, Grecia, de donde tomaron su nombre. El primer registro que se tiene de ellas es del año 776 a. de C. Cada cuatro años, griegos de todas las ciudades se congregaban para honrar al dios Zeus con la demostración de su fuerza en concursos atléticos. Las primeras olimpiadas modernas se realizaron en Atenas, Grecia, en 1896.

organismo

ONU

La palabra organismo tiene varios significados. Uno de ellos es el de un grupo de personas dedicadas a un fin común. Por ejemplo, la Organización de las Naciones Unidas (ONU) es un organismo internacional que fue creado después de la Segunda Guerra Mundial y actualmente cuenta con más de 180 países miembros. Sus oficinas centrales están en Nueva York, Estados Unidos de Norteamérica.

ortografía

Las siguientes palabras son algunos ejemplos de errores de ortografía. Después aparecen escritas correctamente: *absorver, bívora, girafa, eficas, dirijir, aser, enperador, hojo, ocación, diesiseis*. (absorber, víbora, jirafa, eficaz, dirigir, hacer, emperador, ojo, ocasión, dieciséis).

oso

El oso blanco u oso polar vive en las regiones polares, pesa hasta 500 kg y mide unos 2.70 m de largo. El oso pardo se encuentra en los bosques de Asia, América del Norte y Europa. Se alimenta de peces, carroña, plantas y miel. Algunas especies de osos se encuentran en peligro de extinción, por lo que actualmente están protegidas.

P paloma

La paloma blanca es el símbolo de la paz: se le representa con una rama de olivo en el pico. Esto es en referencia a la narración bíblica del Arca de Noé, en la que una paloma representó para Noé el fin del diluvio con que Dios castigó a la humanidad.

papa

La **papa** es originaria de América, pero se cultiva y se consume en casi todo el mundo. Es uno de los alimentos más necesarios para el hombre por su contenido de carbohidratos, vitaminas y minerales. Se come hervida, asada, frita o en puré; también industrializada y empacada. En los países que formaban la Unión Soviética se cultiva casi una cuarta parte de toda la producción mundial de papa.

pared

Un gran número de **paredes** se hacen con ladrillos; éstos comenzaron a usarse hace unos 6 000 años. Para levantar un muro, los ladrillos se colocan formando líneas horizontales llamadas hiladas, y se pegan con una mezcla a base de cemento. También pueden construirse paredes de madera, piedra, mármol, etcétera.

pata

Se llama **pata** al pie y pierna de los animales. Las patas se han transformado y adaptado según las especies y su forma de vida. Así, pueden servirle al animal para recorrer largas distancias, correr a gran velocidad (a), nadar (b), saltar (c), capturar presas (d), excavar (e) o tener adherencia a distintas superficies (f).

a

caballo

b

pato

c

rana

e

topo

f

salamanquesa

d

nécora

d

águila

pato

Poco tiempo después de salir del huevo un patito ya es capaz de buscar su alimento y nadar detrás de su madre. Existen patos de muchos colores, por ejemplo, blancos, marrón, marrón con cabeza verde y combinados. El **pato** salvaje es un ave migratoria que puede recorrer enormes distancias. El pato doméstico se cría en muchos países para consumir su carne y sus huevos.

payaso

La palabra **payaso** proviene del vocablo italiano *pagliaccio*, que significa "colchón relleno de paja", ya que los antiguos payasos italianos usaban un traje hecho con una tela parecida a la de los colchones. Actualmente existen muchos tipos de payasos, pero todos derivan del "Augusto" de nariz roja redonda y grandes zapatos, que hace reír; y el serio de cara blanca y sombrero puntiagudo, llamado "payaso blanco".

pentagrama

En la Edad Media no existía uniformidad en la escritura musical, y esto provocaba tal confusión en los músicos que primero se colocó una línea horizontal que representaba la nota do. Con el paso del tiempo se agregaron las otras cuatro líneas que dieron origen al **pentagrama** actual de 5 líneas.

dálmata

perro

Los **perros** suelen vivir entre 10 y 15 años. Han sido entrenados por el hombre para cumplir distintas funciones: como perros de trineo, guardianes, de caza, policías, rescatistas, etcétera. Las diferencias entre razas pueden ser muy notorias. Por ejemplo, el San Bernardo puede pesar hasta 100 kg, en tanto que el pequinés puede pesar apenas 1.5 kg. Junto con el lobo, el chacal y el zorro, forman parte de la familia de los cánidos.

piel

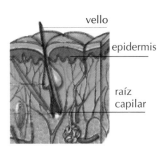

vello

epidermis

raíz
capilar

La **piel** nos protege de los microbios nocivos, nos ayuda a mantener la temperatura y el agua del cuerpo. La capa externa, llamada epidermis, se desgasta y reemplaza continuamente. La capa que está debajo de la epidermis se llama dermis; es más gruesa y contiene nervios, vasos sanguíneos, glándulas que producen sudor y raíces de vello.

pirámide

La **Pirámide** del Sol, cerca de la Ciudad de México, es una de las construcciones más impresionantes hechas por las culturas prehispánicas. Mide unos 66 m de altura, fue edificada en la época de mayor esplendor de la cultura teotihuacana. Las pirámides eran construidas como templos en honor a distintos dioses.

planeta

Los planetas son cuerpos celestes que giran alrededor del Sol. La Tierra es el tercer **planeta** del Sistema Solar, es el único que cuenta con agua líquida y condiciones que permiten la existencia de vida tal como la conocemos. Los asteroides son planetas menores que se encuentran entre las órbitas de Marte y Júpiter.

plato

Hasta la Edad Media, la comida se servía en una fuente puesta sobre la mesa y todos comían con las manos. Posteriormente se comenzaron a elaborar platos hondos de madera o estaño en los que se tomaba la sopa o el guiso, pero la carne se servía en grandes rebanadas de pan duro. Finalmente, en el siglo XVII apareció el plato individual, similar al que usamos actualmente.

prefijo

Los prefijos son partes de palabras que por sí mismas no tienen ningún sentido pero que se colocan antes de otras para modificar su significado. Por ejemplo, la palabra *antigripal* está formada por el prefijo *anti*, que significa "oposición, en contra de" y por *gripal*, "relativo a la gripa". Así, la palabra "antigripal" se refiere a medicamentos o remedios que combaten la gripa. El idioma español cuenta con cientos de prefijos de origen griego y latino.

Q

Q

Como todas las demás, la letra **q** tiene una larga historia. Primero, los griegos tomaron y adaptaron alfabetos de culturas antiguas. Después los romanos desarrollaron el alfabeto que usamos actualmente. La letra q es una de las formas que representan un sonido que en español puede escribirse de distintas maneras: c, k, q.

quizá

Esta palabra nació de la expresión antigua, qui sabe, que significaba "quién sabe (si eso pasará)". Poco a poco se fue acortando hasta quedar como una sola palabra, "**quizá**", que conserva la idea de posibilidad o duda.

R

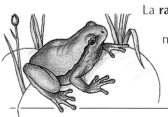

radio

En diciembre de 1901 se realizó la primera transmisión por **radio** a través del Océano Atlántico. Fue un mensaje en código enviado por el físico italiano Guglielmo Marconi. Durante la Segunda Guerra Mundial (1939-1945), los países participantes dependieron de la radio para comunicarse los planes y operaciones militares.

rana

La **rana** es un anfibio de ojos saltones y largas patas traseras que suele vivir en lugares donde hay mucha agua, como lagos, pantanos, ríos, etc. Se alimenta de insectos y animales pequeños. Al nacer es un renacuajo y respira por branquias. La rana adulta respira a través de pulmones.

rascacielos

La palabra **rascacielos** es una traducción del inglés skyscraper, que significa "rascador del cielo" (de *sky* "cielo" y *scrape* "rascar"). El primer rascacielos del mundo se construyó en Chicago, EU.

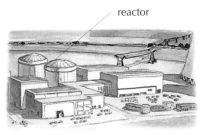

reactor

reactor

Los **reactores** nucleares producen energía mediante la fisión, es decir, la división de átomos de los elementos químicos uranio o plutonio. Esta energía liberada calienta agua y el vapor que se produce impulsa unas turbinas que generan la energía eléctrica que puede servir, entre otras cosas, para iluminar ciudades o impulsar aviones.

reloj

Los primeros **relojes** usados por el hombre fueron solares, es decir, medían el tiempo aprovechando el cambio de sombras que produce el movimiento del sol por el cielo. El primer reloj mecánico apareció alrededor del año 1300 en Europa. Hoy en día existen muchos tipos de relojes, desde los de arena hasta los de cuarzo, que funcionan gracias a las vibraciones de un cristal de cuarzo estimulado por una corriente eléctrica.

república

El sustantivo **república** viene de dos palabras latinas: *res*, que significa "asunto, cosa", y *publica*, que significa "público". La palabra era originalmente *respublica*, pero con el tiempo perdió la letra "s". La Unión de Repúblicas Soviéticas Socialistas (URSS), de gobierno comunista, se desintegró en 1991 y de ella surgieron muchos países independientes, entre ellos Estonia, Ucrania y Azerbaiján.

rinoceronte

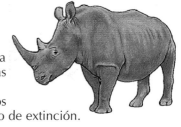

Rinoceronte viene del griego *rhino*, "nariz", y *kéras*, "cuerno". Así pues, el compuesto significa "nariz con cuerno", pues el cuerno es una de las principales características de este animal. Un rinoceronte puede pesar más de 3 toneladas. Los rinocerontes también son una especie en peligro de extinción.

rueda

La **rueda** empezó a usarse de manera común hace unos 5 000 años aproximadamente. Gracias a este invento, el hombre pudo aprovechar mejor la fuerza de los animales para la agricultura y otros trabajos pesados. Las primeras ruedas eran círculos de madera gruesa en forma de discos que se movían junto con el eje, pero poco a poco evolucionaron y actualmente puede girar sólo la rueda mientras el eje permanece quieto.

ruiseñor

El **ruiseñor** es un ave originaria del centro y sur de Europa. Vive en los bosques y en lugares donde hay muchos árboles y arbustos. Su principal característica es su forma de cantar. Además, cuando se encuentra aislado de miembros de su especie, es capaz de aprender el canto de otras aves.

S

sajón

Los **sajones** fueron un pueblo de guerreros que vivió hace más de 1 800 años en lo que hoy es Alemania. En su deseo de expansión se lanzaron a la conquista de la actual Inglaterra, donde dejaron su lengua, que originó al inglés antiguo. Con el paso de muchos siglos, influida y transformada por idiomas de otros pueblos esa lengua se ha convertido en el inglés de hoy.

salario

La palabra **salario** viene del latín *salarium*, que a su vez viene de sal, cuyo significado es, justamente, "sal". En sus inicios, un salario eran las monedas que se daban a los soldados romanos para comprar sal.

selva

En la **selva** siempre hace calor y llueve todo el año. En ella vive la mayor diversidad de animales y plantas del mundo. Una de las selvas más importantes es la amazónica, en América del Sur. Es preocupante saber que se está perdiendo rápidamente porque los árboles se talan para obtener madera.

semántica

La **semántica** estudia el significado de las palabras, la intención que les pone la persona que las expresa y la manera como las interpreta quien recibe el mensaje. Entre otras cosas, la semántica analiza el tono de voz que utilizamos al hablar, pues con él podemos dar diferentes sentidos a las mismas palabras.

serpiente

Algunas **serpientes** como las cobras y las víboras de cascabel, tienen colmillos con los que inyectan veneno para matar a sus presas. Otras especies como las boas, los pitones y las anacondas, no son venenosas sino que matan a sus presas al enrollarse alrededor de ellas y apretarlas hasta que dejan de respirar.

seudónimo

El **seudónimo** es un nombre inventado que algunos artistas usan para firmar sus obras. Por ejemplo, el poeta chileno Pablo Neruda en realidad se llamaba Neftalí Ricardo Reyes; el verdadero nombre del pintor mexicano Doctor Atl fue Gerardo Murillo; el escritor estadounidense Mark Twain fue bautizado como Samuel Langhorne Clemens y la poeta chilena Gabriela Mistral se llamó Lucila Godoy Alcayaga.

simio

El chimpancé, el gorila y el orangután, entre otros, pertenecen al grupo de los **simios**. Por lo general, pasan la vida en los árboles y su principal alimento es la fruta. Son animales del orden de los primates y poseen un cerebro muy desarrollado.

sinónimo

Un **sinónimo** no siempre es un equivalente exacto de otra palabra. Por ejemplo, las frases "un niño tranquilo" y "un niño quieto" son similares. Pero decir: "Brenda estuvo tranquila en el espectáculo" no es lo mismo que "Brenda estuvo quieta en el espectáculo". En la primera oración, "tranquila" se refiere a un estado de ánimo mientras que, en la segunda, "quieta" describe un estado físico.

Sol

cromosfera

fotosfera
corona

fáculas

manchas
solares

núcleo

zona radiactiva

El **Sol** es una estrella de gas ardiente que mide 1.4 millones de km de diámetro. Es el centro de nuestro Sistema Solar y existe desde hace unos 4 500 millones de años. Durante un eclipse total de Sol, la Luna lo cubre totalmente de nuestra vista y por segundos parece que fuera de noche.

soltero

Soltero viene de la palabra latina *solvere*, que significa "soltar, desatar". Se refiere a que el soltero nunca ha estado ligado por las leyes del matrimonio, es decir, no ha estado "atado". Sin embargo, el origen de la palabra casado no tiene el sentido de compromiso o atadura, sino que se refiere a la "casa" que la nueva pareja pone aparte de sus padres.

submarino

Un **submarino** se sumerge cuando expulsa el aire de unos depósitos especiales y entra agua, haciendo que pese más. En cambio, cuando emerge, se bombea aire a los depósitos y el agua sale, aligerando la nave. Los submarinos están diseñados especialmente para que puedan permanecer largo tiempo debajo del agua, incluso varios meses.

tango

El **tango** es un baile en el que las parejas ejecutan pasos largos y complicados, desplazándose en un espacio amplio. Generalmente se acompaña con un instrumento musical llamado bandoneón, parecido al acordeón. El tango tuvo su origen en Argentina y se hizo popular en el mundo en la década de 1910.

tarántula

La **tarántula** debe su nombre a que este animal se descubrió cerca de la ciudad de Taranto, en el sur de Italia, en donde este tipo de arañas eran muy comunes. La palabra *tarantella*, que se refiere a un baile popular italiano, tiene el mismo origen.

televisión

La **televisión** es un invento de principios del siglo XX. La cámara de televisión graba las imágenes en movimiento y las descompone en muchos puntos. Cada punto se convierte en una señal eléctrica, que es transmitida al televisor por medio de un cable o mediante ondas de radiofrecuencia. El televisor o aparato receptor capta estas señales eléctricas y las convierte en imágenes.

terremoto

La corteza de la Tierra está formada por enormes placas que a veces se desprenden o se acomodan entre sí. Estos movimientos provocan los **terremotos**, también llamados sismos. El lugar profundo donde se produce el sismo se llama "hipocentro" y la parte de la superficie terrestre donde se siente con más intensidad se llama "epicentro".

corteza
manto superior
manto inferior
núcleo externo
núcleo interno

Tierra

Hasta comienzos del siglo XVII mucha gente creía que la **Tierra** era el centro del Universo y que el Sol y los demás planetas giraban alrededor de ella. Hoy se sabe que es uno de los nueve planetas que giran en torno al Sol, y al parecer el único con aire, agua y vida.

tigre

El **tigre** es un mamífero carnívoro que normalmente caza solo, aunque a veces se une a otros animales de su especie para compartir el alimento. Es un excelente cazador pero, a diferencia de otros felinos, no trepa a los árboles. Algunas especies como el tigre de Bengala, están en peligro de extinción.

títere

El origen de la palabra **títere** es incierto. Algunos creen que es un sonido que imita la voz aguda con que supuestamente hablan los muñecos. En el siglo XVII el titiritero no hablaba, sino tocaba un silbato ("ti ti") que representaba la voz del títere. Fuera del escenario, otro artista interpretaba el sonido del silbato y decía los diálogos al público.

títere

tortuga

Hay diferentes tipos de **tortugas**. Las terrestres se desplazan lentamente y son herbívoras. Por su parte, las de agua dulce tienen un caparazón más abombado y son carnívoras. Las tortugas marinas tienen las patas en forma de aletas, nadan con rapidez y sólo salen a la playa para poner sus huevos.

trabajar

En la Edad Media "**trabajar**" se decía "laborar", pero ello cambió a causa de un instrumento de tortura llamado *tripalium*, con el que eran castigados los esclavos. Como su trabajo diario resultaba tan duro que era casi una tortura, al dirigirse a su labor tal vez decían que iban a tripaliare, es decir, a ser torturados con el *tripalium*.

tribu

Los indios que habitaban en Norteamérica a la llegada de los ingleses formaban tribus, que son grupos humanos integrados por varias familias, generalmente con un origen común. Muchos pueblos primitivos se organizaban de esta manera. La palabra tribu deriva del latín *tribus*, "cada una de las tres divisiones tradicionales del pueblo romano".

Universo

La teoría del Big Bang sobre el origen del **Universo** propone que tal vez hace muchísimo tiempo todas las galaxias estuvieron comprimidas en un pequeño espacio. Luego hubo una gran explosión por la cual las galaxias se separaron y, desde entonces, el universo se encuentra en constante expansión.

ventana

V

Ventana significa "ojo para el viento", porque originalmente fueron diseñadas para dejar pasar aire, aunque también permiten que entre luz. Durante siglos se acostumbró que las ventanas de las casas pobres no tuvieran vidrios.

violonchelo

Este instrumento pertenece a la familia de las cuerdas, (como el violín, la viola y el contrabajo). El **violonchelo** se apoya en el suelo; el ejecutante, sentado, usa un arco para tocarlo. Fue inventado alrededor del año 1700 d. de J.C. por los violeros italianos, entre los cuales destacó Stradivarius. El violonchelo original no tenía espiga para apoyarse, y el músico debía sostenerlo entre las piernas.

visón

Mamífero carnívoro que vive en Europa, Asia y América. Tiene el cuerpo delgado, es de color marrón y su piel es muy apreciada, ya que se usa para fabricar costosas prendas de vestir. Por lo general el **visón** habita cerca del agua, en lugares donde hay mucha vegetación.

vitamina

La **vitamina** A favorece el crecimiento, protege de las infecciones y ayuda a la visión nocturna. Las vitaminas del complejo B permiten aprovechar la energía de los alimentos y mantener la salud de la piel, nervios y corazón. La vitamina C fortalece las defensas. La vitamina D ayuda a tener huesos fuertes y la K interviene en la coagulación de la sangre.

vocal

Vocal tiene su origen en la palabra latina *vox*, que significa "voz", porque los sonidos a, e, i, o, u se producen por la libre vibración de las cuerdas vocales. Para pronunciar cada una de ellas, se abre la boca en una posición diferente. En cambio, las consonantes se forman cerrando parcial o totalmente la boca.

volcán

Cuando un **volcán** hace erupción, el magma o roca derretida que está bajo la corteza terrestre brota a la superficie por una fisura. El magma sale en forma de lava y son lanzados gases, piedras y ceniza a la atmósfera. Las cenizas y la lava se enfrían y se acumulan en los alrededores. Con el tiempo se forma una montaña cuya cima es el cráter del volcán.

voto

Las elecciones democráticas empezaron a desarrollarse en Atenas en el siglo V a. de C. Todos los ciudadanos varones podían elegir a un gobernante, pero se excluía del **voto** a mujeres y esclavos. En 1893, Nueva Zelanda se convirtió en el primer país en dar a la mujer el derecho al voto. A lo largo del siglo XX se logró el voto femenino en casi todos los países del mundo.

yodo

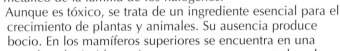

El **yodo** es un elemento químico no
metálico de la familia de los halógenos.
Aunque es tóxico, se trata de un ingrediente esencial para el
crecimiento de plantas y animales. Su ausencia produce
bocio. En los mamíferos superiores se encuentra en una
sustancia que produce la tiroides, así como en otras que controlan el
metabolismo. El yodo diluido en alcohol se emplea como antiséptico.

zodiaco

La gente que cree en el **zodiaco**
asegura que los astros y planetas
influyen en la vida humana. Hace muchísimos
años los astrólogos dividieron el cielo en doce
partes, cada una gobernada por un signo zodiacal.
Se piensa que los signos del zodiaco surgieron en
Mesopotamia alrededor de dos mil años a. de C.

zopilote

El nombre de esta ave proviene de la palabra náhuatl
tzopilotl, quizá derivada de *tzotl*, que significa "inmundicia,
cosa sucia", y *piloa*, "colgar". Esto se debe a que los
zopilotes comen animales muertos y a veces llevan trozos de
carne en el pico al volar, así que en ese momento el **zopi-
lote** "lleva colgando algo sucio".

zorrillo o mofeta

Como todos los miembros de la familia de las
comadrejas, el **zorrillo** o mofeta tiene una glándula
en la base de la cola. Puede arrojar un líquido con olor
repugnante hasta una distancia de
3.7 m y así obliga a huir a todos
sus enemigos. Ese olor desagradable
y persistente es la característica
más conocida del zorrillo.

MINI
enciclopedia

camaleón

circo

corazón

ferrocarril

Tierra